JN441285

위험!
접근 금지

물 아저씨 과학 그림책 1

물 아저씨는 변신쟁이

2015년 12월 30일 1판1쇄 발행 | 2026년 1월 1일 1판26쇄 발행

글·그림 | 아고스티노 트라이니 **옮김** | U&J
펴낸이 | 나성훈 **펴낸곳** | (주)예림당
등록 | 제2013-000041호 **주소** | 서울시 성동구 아차산로 153
구매 문의 전화 | 561-9007 **팩스** | 562-9007
책 내용 문의 전화 | 566-1004
http://www.yearim.kr

편집장 | 이지안 **책임개발** | 최은송 / 심다혜 정유진 **디자인** | 이현주 / 강임희 **표지 디자인** | 최수정
콘텐츠 제휴 | 문하영 **제작** | 신상덕 / 박경식 **영업** | 임상호 전훈승 **홍보** | 김다히
ISBN 978-89-302-6858-5 74400
ISBN 978-89-302-6857-8 74400(세트)

물 아저씨 과학 그림책 1

물 아저씨는 변신쟁이

글·그림 아고스티노 트라이니

와, 바다다!
쌩쌩호
음냐~
고래 아저씨다!
뭐 하고
놀지?

푸른 바다는 정말 멋져요.
빛깔도 모양도 저마다 다른 생물들이 많이 살지요.
배를 타고 바다로 나가 볼까요? 바닷속으로 풍덩
뛰어들어 모험을 즐겨도 재미있을 거예요.

참, 바다에는 물 아저씨도 살고 있어요.
어디 있는지 찾았나요? 오른쪽 향유고래 위쪽에 있어요.
향유고래는 몸집이 아주아주 커서 조금만 보이네요.
이빨이 아래턱에만 나 있는데 크고 날카로워요.

안녕!
왜 갑자기 어둡지?

물 아저씨는 가끔 몸집이 엄청나게 커져요.
맑은 날에는 잠잠하지만, 바람이 휘몰아치면
사나워져 거세게 출렁이는 파도가 되지요.
큰 파도가 되면 모두 조심해야 해요.
무엇이든 집어삼킬 수 있으니까요.

이얍!
으악!
무슨 일이지?

어느 화창한 여름날이었어요.

사람들이 해변으로 와글와글 몰려들었어요.

물 아저씨는 해변에서 노는 아이들을 바라보았어요.

그때였어요.
한 아이가 물 아저씨에게 인사를 건넸어요.
"물 아저씨, 우리랑 같이 놀아요!"

물 아저씨와 아이들은 금세 친해졌고
날마다 해가 질 때까지 해변에서 신나게 놀았어요.
아이들은 물 아저씨와 조심조심 놀아요.
하지만 어른들은 파도타기나 스노클링 같은
더 활동적인 놀이도 즐기지요.

야호!
여긴 어디?
물고기야, 안녕!

어느 날 아침, 물 아저씨가 친구들을 만나러
해변에 와 보니 해변이 텅 비어 있었어요.
파라솔도 모두 접혀 있었지요.

아무리 기다려도 친구들은 오지 않았어요.
“네 친구들은 방학이 끝나서 모두 집으로 돌아갔어.”
문어 지아니가 알려 주었어요.

햇볕 좀
쬐어 줘.
어떻게 하려고?

물 아저씨는 친구들을 찾아 나서기로 했어요.
해 아저씨가 따뜻한 햇볕을 쬐어 주자 물 아저씨는
수증기가 되어 하늘 높이 올라갔어요. 찬 공기를 만난
수증기는 작은 물방울들로 변해 구름이 되었어요.

구름이 된 물 아저씨는 바람을 타고
숲과 들판 위를 둥실둥실 떠다녔어요.

하지만 세상은 정말 넓어요!

해변에서 만났던 친구들은 어디에 있을까요?

이렇게 넓은 세상에서 어떻게 친구들을 찾을 수 있을까요?

큰 도시에 도착하니, 옥상에서
햇볕을 쬐는 사람들이 보였어요.
'어쩌면 저 사람들이 내 친구들을
알지도 몰라.'

물 아저씨는 사람들에게 가까이 다가갔어요.
그런데 갑자기 남자가 벌떡 일어나 소리를 꽥 질렀어요.
"멍청한 구름아, 저리 가! 햇빛을 다 가리잖아!"

난 함부로
말하는 사람이
싫어!
갑자기
웬 비야?
배고파.
멍~

마음이 상한 물 아저씨는 주위의 작은 물방울을 잔뜩 끌어모았어요. 물방울들이 뭉쳐서 커지고 무거워지자, 투둑투둑 아래로 떨어져 내리기 시작했어요.
쏴아~ 시원하게 비가 쏟아졌어요.
기분이 좋아진 물 아저씨는 다시 길을 떠났어요.

으~ 추워.

어느새 물 아저씨는 높은 산봉우리에 도착했어요.
겨울 산은 온몸이 꽁꽁 얼어붙을 정도로 몹시 추웠어요.
구름의 물방울이 얼고 얼음 알갱이들이 뭉쳐 아래로 떨어졌어요.
아하! 물 아저씨는 이제 새하얀 눈이 된 거예요.

눈이 된 물 아저씨는 산에 살포시 내려앉았어요.
기다란 멋진 뿔을 가진 염소가 총총 다가와 인사했어요.

하지만 염소가 가 버리고 나자, 높은 산 위에는 물 아저씨 혼자만 덩그러니 남았어요. 물 아저씨는 너무 심심했어요.

봄이 오자 해가 길어지고 날씨가 따뜻해졌어요.
눈이 차츰차츰 녹기 시작하더니 다시 물이 되었어요.
물 아저씨는 졸졸 흐르는 개울을 따라
아래로 아래로 내려갔어요.

야호,
봄이다!

고마
워요!
돌려 줄게!

골짜기를 따라 흐르며 물 아저씨는 여러 가지 일을 했어요.
이반의 물레방아를 휙휙 돌려 주고, 채소가 파릇파릇 싱싱하게
자라도록 아델의 채소밭에 물을 주었어요.

넓은 들판에 도착한 물 아저씨는 이제 큰 강으로 흘러들었어요.

물 아저씨는 미켈레의 배를 힘차게 밀어 주었어요.

앗, 갑자기 물 아저씨가 넓은 관 속으로 쑥 빨려 들어갔어요.
관은 두 갈래로 계속해서 나누어졌어요.

그때마다 물 아저씨도 둘로 나누어졌지요.
물 아저씨는 얼마나 많아졌을까요?

물 아저씨들은 여러 곳으로 흘러들어 갔어요.
모두 물 아저씨가 필요한 곳이었지요.
'이러다가 영영 친구들을 못 만날지도 몰라.'
물 아저씨는 걱정이 되었어요.

아, 시원해.
돌진!
으,
뜨거워!

그런데 바로 그때, 물 아저씨가 친구들의 부엌에 도착했어요.

'드디어 만났어! 친구들에게 맛있는 음료수를 만들어 줘야지.'

물 아저씨와 친구들은 다시 만나 무척 행복했어요.

맛있겠다!

물 아저씨와 함께하는 신나는 과학 실험

차근차근 따라 해 보세요!
그동안 알지 못했던 재미있고 흥미진진한
사실들을 알게 될 거예요.

구명조끼를 입은 오렌지

준비물

오렌지 1개

그릇 1개

물

칼 1개

난이도

1

그릇에 물을 가득 채우고,
오렌지를 퐁당 빠뜨려요.
보이나요? 오렌지가
둥둥 떠 있어요!

2

이제 어른에게 오렌지 껍질을
벗겨 달라고 하세요. 그런 다음
오렌지 알맹이만 물에 빠뜨려요.
퐁당!

3

무슨 일이 일어났나요?

오렌지 껍질에는 구멍이 많아서 공기가 들어 있어요.
그래서 오렌지를 물에 넣으면 구명조끼를 입은 것처럼 물에 둥둥 떠요.
하지만 구명조끼인 껍질을 벗긴 오렌지는 물속으로 꼬르륵 가라앉지요!

저절로 이동하는 물

준비물

유리컵 2개

키친타월 2장

물

난이도

1 유리컵 하나에 물을 가득 채워요.

2 키친타월 두 장을 돌돌 말아서 꼬아요.

3

물을 채운 컵에 돌돌 말린
키친타월의 한쪽 끝을 담가요.
그리고 비어 있는 컵에 나머지
한쪽 끝을 늘어뜨려요.
이제 기다려요.

※주의 : 지루해도 꾹 참고 기다려야 해요.
위대한 과학자가 되려면 이쯤은 참을 수 있어야 한답니다.
무언가를 관찰하려면 항상 시간이 필요하지요.

4

보세요! 물이 돌돌 말린 키친타월을 타고
비어 있는 유리컵 쪽으로 넘어갔어요!

물이 키친타월에 있는 가는 틈을 타고 올라간 거예요.
물과 같은 액체는 가느다란 틈을 만나면 그 틈을 따라
이동하는데, 이를 모세관 현상이라고 해요.

유리병 속 비구름

준비물

- 어른의 도움
- 금속 뚜껑이 있는 유리병
- 얼음 조각
- 작은 냄비
- 은박지
- 물

난이도

1

어른의 도움을 받아 작은 냄비에 물을 넣고 팔팔 끓여요.

2

이번에도 어른에게 끓는 물을
유리병에 반쯤 채워 달라고 하세요.
그리고 병뚜껑을 꽉 닫아요.
유리병이 뜨거우니 주방용 장갑이나
행주를 꼭 사용해야 해요!

3

은박지로 얼음 조각을 싸서 유리병 뚜껑 위에 올려요.
얼음은 아주 차가우니까 조심해야 해요!
뜨거운 물이 차가운 금속 뚜껑을 만나면 어떤 일이 일어날까요?

유리병 속의 뜨거운 물은 수증기가 되어 위로 올라가요.
그러다 차가운 금속 뚜껑을 만나 온도가 낮아지면 작은 물방울이 되지요.
이 물방울들이 모여 있는 게 구름이에요. 구름에 있는 물방울들이 뭉치면
점점 커지고 무거워져 아래로 떨어져 내리는데, 그게 바로 비예요.

아고스티노 트라이니는 누구일까요?

저는 1961년에 태어났어요.

저는 비 올 때 걷고

등산을 하고

배를 타고

물수제비를 뜨고

보물을 찾는 것을 좋아해요.

그리고 책을 읽고

책갈피를 만들고

물감으로 그림을 그리고

캐릭터를 구상하는 것도 좋아해요.

하지만 뭐니 뭐니 해도 물 아저씨 그리는 것을 가장 좋아해요!

Agostino Traini

아래의 주소로 저에게 이메일을 보낼 수 있어요.
agostinotraini@gmail.com

물 아저씨 과학 그림책

과학 공부의 시작은 물 아저씨와 함께! 세상 곳곳의
신기한 과학 현상을 배우며 지적 호기심을 가득 채워 보세요!

글•그림 아고스티노 트라이니 | 175×240mm | 32~48쪽

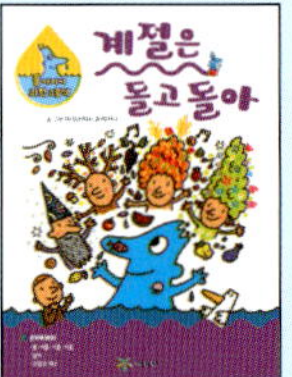

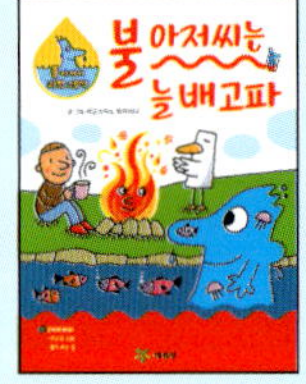

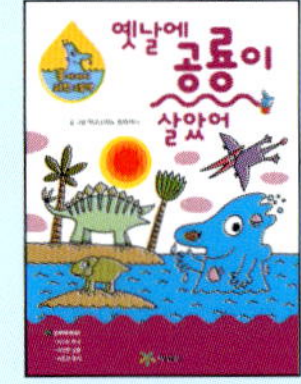

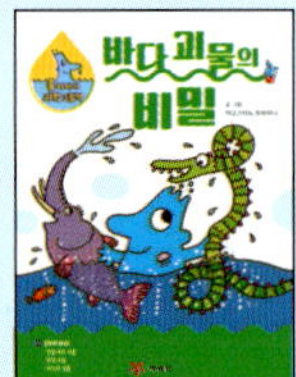

1 물 아저씨는 변신쟁이
2 공기 아줌마는 바빠
3 해 아저씨는 밤이 궁금해
4 키다리 나무 아저씨의 비밀
5 계절은 돌고 돌아
6 물 아저씨와 감각 놀이
7 알록달록 색깔이 좋아
8 화산은 너무 급해
9 물 아저씨는 힘이 세
10 농장은 시끌벅적해
11 바람 타고 세계 여행
12 불 아저씨는 늘 배고파
13 폭풍은 이제 그만
14 물 아저씨와 몸속 탐험
15 옛날에 공룡이 살았어
16 파도가 철썩 지구가 들썩
17 바다 괴물의 비밀
18 구름 아저씨의 정체
19 물 아저씨와 위대한 항해
20 초록을 깨우는 물 아저씨